Für Thao, der mir dabei hilft, meine Wünsche zu erfüllen.

ISBN 978-3-7432-1590-0
1. Auflage 2023
erschienen unter dem Originaltitel *Perfectly Pegasus*
bei Simon & Schuster Books for Young Readers
Copyright © 2022 Jessie Sima
First published by Simon & Schuster Books for Young Readers
Translation rights arranged by The Sandra Dijkstra Literary Agency
All Rights Reserved
Übersetzung aus dem Amerikanischen von Nadine Mannchen
Für die deutschsprachige Ausgabe © 2023 Loewe Verlag GmbH,
Bühlstraße 4, D-97074 Bindlach
Umschlaggestaltung: Ramona Karl
Printed in the EU

www.loewe-verlag.de

JESSIE SIMA

Der kleine PEGASUS
und das WUNDER der FREUNDSCHAFT

Nimbus wurde hoch oben am Himmel geboren.

Von Anfang an war deutlich, dass sie einzigartig war.

Sie hatte breite gefiederte Flügel.

Sie hatte ein Hüfchen für Wolken.

Und sie hatte den ganzen Himmel für sich allein.

Meistens erschien ihr dieser Himmel wie ein herrliches Abenteuer.

Doch manchmal fühlte er sich leer an.

Immer dann, wenn der Himmel sich zu leer anfühlte,
verband Nimbus die Sterne zu Bildern und träumte davon,
jemanden zu haben, der ihr Gesellschaft leisten könnte.

In einer jener Nächte geschah es …

... dass eine perfekte Sternschnuppe über den Himmel schoss.

Doch weit in der Ferne, dort, wo der Stern gelandet war, konnte Nimbus einen sanften, warmen Schein erkennen.

So schnell sie konnte, flog Nimbus auf das Licht zu …

… was wirklich sehr schnell war.

Denn sie hoffte, sie könnte die Sternschnuppe finden und sich doch noch etwas wünschen.

Als sie die Erde erreichte, stand die Sonne schon hoch am Himmel.
Es war viel zu hell, um das Licht des Sterns sehen zu können.

Also musste Nimbus den Stern
eben ohne sein Strahlen finden.
So schwer konnte das doch nicht sein.

War es aber.

Stattdessen begegnete sie einem geheimnisvollen glitzernden Wesen ...

... namens Nori.

Nori staunte über Nimbus' breite Flügel mit den vielen Federn.

Nimbus war ganz hin und weg von Noris glitzerndem Horn.

Sie war so begeistert, dass sie fast vergaß, weshalb sie eigentlich auf die Insel gekommen war.

Doch dann fiel ihr der leere Himmel wieder ein
und auch was sie sich wünschen wollte.

Nimbus erzählte Nori von ihrer Suche nach der Sternschnuppe
und war ganz überrascht, als er ihr helfen wollte.

Nimbus suchte oben.

Nori suchte unten.

Gemeinsam erkundeten sie fast die gesamte Insel.

Doch den Stern fanden sie nicht.

Von so etwas wie Freunden hatte Nimbus noch nie gehört.
Sie waren alle sehr spitz am Kopf und wollten gerne helfen.

Sie suchten hier …

Sie suchten da …

Doch den Stern fanden sie nicht.
Nimbus hatte Spaß auf der Insel,
aber sie war trotzdem enttäuscht.

Wenn sie diesen Stern nicht
finden konnte, musste sie mit
ihrem Wunsch wohl bis zur
nächsten Sternschnuppe warten.

Also dankte Nimbus Nori und seinen spitzköpfigen Freunden für all ihre Hilfe und kehrte in den Himmel zurück.

Wir werden dich vermissen!

Nimbus flog zurück zu den Wolken, diesmal allerdings etwas langsamer …

… was immer noch ziemlich schnell war …

… und fand sich damit ab, wieder über den Nachthimmel zu wachen.

Als sie ankam, waren die Wolken noch genau so, wie sie sie verlassen hatte.

Nur Nimbus selbst fühlte sich verändert.

Nachdem sie auf der Erde all die anderen kennengelernt hatte, konnten ihre Sternbilder sie nicht mehr so gut trösten.

Würde sie je wieder eine Sternschnuppe sehen?

Würde sie je wieder die Gelegenheit bekommen, sich ... *Freunde* zu wünschen?

Nimbus war sich nicht sicher.

Doch dann erkannte sie etwas:
Vielleicht ...

… ganz vielleicht …